ALEXANDER KRONENHEIM

CHARAKTER
EINE MACHT

Bibliografische Information der Deutschen Nationalbibliothek:
Die Deutsche Nationalbibliothek verzeichnet diese Publikation in der Deutschen Nationalbibliografie; detaillierte bibliografische Daten sind im Internet über http://dnb.dnb.de abrufbar.

© *2017* ***Alexander Kronenheim*** *; 1. Auflage*

Covergrafik und Texte: © *2017 Alexander Kronenheim*

Herstellung und Verlag: BoD – Books on Demand, Norderstedt

ISBN: 9783743166011

Charakter - eine Macht

Inhalt   **Seite**

1. Wie werde ich ein Charakter?   6

2. Ein mutiges Herz   15

3. Die Lichtträger   23

4. Ein Mann ein Wort   33

5. Eine Persönlichkeit   46

6. Das Ideal in Kunst und Leben   50

7. Gutes tun   62

8. Ein unverrückbares Ziel   71

9. Die Ehre über alles   80

1. Wie werde ich ein Charakter?

Die Welt ruft: „Wer rettet uns?".

Such diese Person nicht weit von dir. Sie ist ganz nah; diese Person — du bist es, ich bin es. Jeder von uns ist es!

Wie aber soll man sich selbst zu einer starken Persönlichkeit entwickeln?

Nichts ist schwerer, wenn man nicht versteht ‚es zu wollen'. Nichts leichter, wenn man es will.

So wie es in der Welt nichts Größeres gibt, als den Menschen, so gibt es nichts wahrhaft Großes im Menschen, außer dem Charakter.

„Zuerst," sagte einst Präsident Garfield[1], als er noch ein Junge war, „muss ich mich zum ganzen Mann machen. Wenn mir das nicht gelingt, kann mir nichts gelingen."

---

[1] James A. Garfield (1831-1881): Amerikanischer Präsident im Jahr 1891.

„Der natürlichen Ordnung der Dinge folgend, ist der Beruf des Menschen, der Beruf der Menschlichkeit." sagte Rousseau in seiner berühmten Abhandlung über Erziehung; „Und wer dazu erzogen ist, seine Pflicht als Mensch zu erfüllen, der ist nicht übel vorbereitet, irgendeine Stellung einzunehmen. Es ist mir ziemlich gleichgültig, ob mein Schüler für die Armee, für die Kanzel, oder für die Jurisprudenz bestimmt ist. Die Natur hat uns für das menschliche Leben bestimmt, ehe unsere Stellung in der Gesellschaft bestimmt wurde. Zu leben — das ist der Beruf, den ich ihm lehren möchte. Und wenn ich mit ihm fertig bin, so wird er allerdings weder ein Soldat, noch ein Advokat, noch ein Geistlicher sein. **Aber zuerst ist er ein Mensch**. Das Schicksal kann ihn dann von einer Rangstufe in die andere werfen. Er wird immer an seinem Platz sein."

Wir müssen also bedenken, dass die Hauptsache im Leben nicht die ist, zu tun, sondern die, zu werden. Und dass die Tat selbst ihre schönste und dauerhafteste

Frucht im Charakter trägt. Konkret ausgedrückt bedeutet dieser Gedanke:

„Der Charakter selbst sollte einem jeden das wichtigste Ziel sein, einfach deshalb, weil die Existenz eines guten und starken Charakters, oder auch nur eine Annäherung daran, einen größeren Einfluss auf ein glückliches, menschliches Leben ausübt, als alles andere.

Glückliches Leben bedeutet hierbei, dass aus einem unbedeutenden und nutzlosen Leben ein solches geschaffen wird, wie es Menschen mit hochentwickelten Fähigkeiten zu leben wünschen würden."

Jeder kann nach diesem Ziel streben. Auch wenn unser Charakter durch die Umstände geformt wird, so können doch unsere eigenen Wünsche viel dazu beitragen, diese Umstände herbeizuführen und zu gestalten. Und das darin liegende Edle und Begeisternde ist die Überzeugung, dass wir wirkliche Gewalt über die Bildung unseres eigenen Charakters besitzen. Denn indem unser Wille unsere Umstände beeinflusst, ist er in der Lage auch unsere künftigen Gewohnheiten und Kräfte zu gestalten.

Woraus besteht denn der Charakter, wenn nicht aus dem Resultat unserer Wahl und unserer Abwehr?

Wir suchen aus dem Leben heraus, was wir wollen. Wir gleichen Insekten, die von den Blättern und Pflanzen, von denen sie leben, die Farbe annehmen. Denn früher oder später werden wir entsprechend unserer Geistesnahrung, den Geschöpfen ähnlich, die in unserem Herzen leben. Jede Handlung unseres Lebens, jedes Wort, jede Ideenverbindung ist mit stählernem Stift auf unser eigentliches Innere geschrieben.

Aber wie wirkt sich das Verhalten auf die Entwicklung aus?

In einer Blume gibt es Tau, in einer anderen nicht. Während die eine ihren Kelch öffnet, um ihn zu empfangen, schließt die andere sich und nimmt keinen Tau auf. Wir schaffen unsere Zukunft selbst. Unser Entschluss wird ihr seinen Stempel aufdrücken. Ein Entschluss ist eine Prophezeiung.

Es gibt weder eine freudige Hoffnung, noch ein großes Ziel für denjenigen, der sich nicht für einen unerschütterlichen Entschluss begeistern kann. Denn dieser allein ist der wahre Katalysator für die Entwicklung eines starken Charakters.

In der innersten Tiefe unseres Herzens, wohnt nicht nur der bloße Wunsch nach Glück, sondern eine Sehnsucht, ein Bedürfnis, ebenso natürlich, wie der Wunsch nach Nahrung: Die Sehnsucht nach höheren, besseren Lebenszielen.

Glücklich ist der, der diese Sehnsucht befriedigen kann. Wenn ein junger Mensch in die Welt treten würde mit dem festen Entschluss, nie etwas anderes als die absolute Wahrheit zu sagen; jedes Versprechen aufs Wort zu erfüllen; jede Verabredung mit der größten Pünktlichkeit und Rücksicht auf anderer Leute Zeit einzuhalten; seine Ehre als einen unbezahlbaren Schatz zu betrachten und in dem Bewusstsein zu handeln, dass sein Tun klar vor der Welt daliegt und dass er nicht um Haaresbreite von Wahrheit und Recht abweichen darf. Wenn er von Anfang an diesen Standpunkt einnehmen würde, so würde er das uneingeschränkte Vertrauen der Menschheit genießen.

Was wir sein werden, das sind wir schon jetzt in unseren Absichten. Wie die künftige Eiche in der Eichel gefaltet liegt, so liegt in der Gegenwart unsere Zukunft.

Unser Erfolg kann und wird nur ein natürlicher Baum sein, entsprungen aus dem Samenkorn, das wir selbst gepflanzt haben. Der Duft seiner Blüten und der Reichtum seiner Früchte wird von der Nahrung abhängen, die unsere Vergangenheit und unsere Gegenwart ihm gewährt haben.

Das erste Resultat aller Erziehung und aller Disziplin sollte ein ausgeprägtes Selbstbewusstsein sein.

Zähes Holz muss von gutgewachsenen, festen Bäumen kommen. Solch ein Baum kann zu einem Mast, zu einem Piano, aber auch zu einer kunstvollen Schnitzerei verwendet werden. Aber es muss erst trockenes, festes Holz geworden sein. Zeit und Geduld entwickeln das Bäumchen zum Baum. Und so wird auch das Kind durch Disziplin, Erziehung und Erfahrung zu festem Holz im geistigen, physischen und moralischen Sinn.

Der einzige wirkliche Erfolg, der den Namen verdient, hat seine Wurzel in dem Bewusstsein, dass man mit den Jahren an geistiger und moralischer Kraft, an tieferer und höherer Einsicht gewinnt.

Zu fühlen, wie unsere Fähigkeiten wachsen und sich entfalten, das ist beglücktes, lebenswertes Leben. Dieses Bewusstsein hat etwas Erhabenes an sich.

Als Mendelssohn[2] sich einst eine große, prachtvolle Orgel ansah, wollte der Küster, der ihn nicht kannte, ihm anfangs nicht erlauben, die Orgel zu probieren. Als er es nach vieler Überredung dennoch tat, stand er weltentrückt; nie vorher hatte er solch herrliche Melodien gehört. Und als er den Spieler nach seinem Namen gefragt hatte, da stand er beschämt vor dem großen Künstler.

Ein größerer Musiker als Mendelssohn hat die menschliche Orgel gebaut und sein Geist ist es, der darauf spielt und herrliche Töne hervorbringt. Nur das Göttliche in uns lässt sie harmonisch ertönen.

Eine alte Sage erzählt uns, wie einst die Bewohner eines alten, ärmliche Dörfchens, als sie hörten, dass der König sie durch seinen Besuch ehren wolle, beschloss, ihn bestmöglich willkommen zu heißen. Früh und spät mühten sie sich ab, ihr Dörfchen mit den bescheidenen Möglichkeiten die

---

[2] Felix Mendelssohn Bartholdy (1809-1847): Berühmter deutscher Komponist

ihnen zur Verfügung standen, so gut es eben ging zu schmücken. Als sie ihr Bestes getan hatten, gingen sie am Abend vor der Ankunft des Königs völlig ermattet, aber mit sich zufrieden, zur Ruhe. Und in der Nacht, während sie schliefen, geschah ein Wunder. Das bescheidene Werk der Armen wurde in eine prunkvolle Herrlichkeit verwandelt.

Die Morgensonne enthüllte ein Schauspiel von Glanz und Pracht. An Stelle der Hütten erhoben sich stattliche Häuser, weißer Marmor leuchtete, wo einfaches Holz gewesen war, goldene Türme ragten in die Luft, Springbrunnen stiegen in wolkigem Duft auf und Palmenbäume beschatteten mit ihren zierlich gezeichneten Blättern den Dorfplatz.

Dies ist nur eine Fabel, im übertragenen Sinne ist die Geschichte wahr.

Wenn wir aus Liebe zum Guten, zum Wahren, zum Schönen unsere Aufgaben mit unseren besten Kräften tun, so wird diese Arbeit großartig und uns selbst unbewusst schön und edel sein. Und wenn unser kurzer

Tag zu Ende geht, da kommt es nicht darauf an, ob wir große Dinge getan haben, sondern einzig und allein darauf, dass wir auch unsere kleinen Pflichten in bester Art erfüllt haben.

2. Ein mutiges Herz

Der Ritter La Tour d'Auvergne, allein in seiner belagerten Burg, vervielfältigte sich sozusagen, indem er erst aus dem einen, dann aus dem anderen Fenster auf seine Feinde schoss. Als die Übergabe vereinbart war, erhielt die Besatzung das Recht, mit militärischen Ehren abzuziehen. Zum Erstaunen aller erschien nur ein Mann, der erste Ritter Frankreichs und streckte die Waffen.

„Aber die ganze Besatzung muss das Schloss verlassen!" rief der österreichische Befehlshaber. „Ich bin die Besatzung!" erwiderte La Tour stolz.

Garibaldis[3] Macht über seine Leute grenzte an Bezauberung. In Rom forderte er 40 Freiwillige auf, einen Streifzug zu unternehmen, bei dem die Hälfte fallen musste und der Rest verwundet werden würde. Das ganze Bataillon sprang vor. Das Los musste entscheiden, so brennend wünschten alle, dem Ruf Folge zu leisten.

Was ist der Mensch anderes als ein Magnet, der entweder anzieht oder angezogen wird? Jeder gerät schließlich in die Gesellschaft, die ihm zusagt. Der ist der stärkste, der die Menschen an sich zieht, sich seine Gefährten selbst aussucht, seine Umgebung selbst schafft. Und das geschieht durch eine positive Eigenschaft — moralischen Mut, vereint mit physischer Tapferkeit.

Die amerikanischen Kriegsberichterstatter wissen von einem jungen Offizier namens George zu erzählen. Er verwendete seine

---

[3] Giuseppe Garibaldi: italienischer Guerillakämpfer der italienischen Einigungsbewegung zwischen 1820 und 1870

ganze freie Zeit zum Studieren und las täglich seine Bibel.

Das Leben im Feld ist naturgemäß öffentlich und die Kameraden versäumten es nicht, den ‚Duckmäuser' auszuspotten. Er aber nahm die Spottreden und Hänseleien gutmütig auf.

Eines Tages machte er eine genaue Karte der Umgegend des Feldlagers und gewann sich dadurch die gute Meinung seines Obersten. Bei einer anderen Gelegenheit, als ein wahnsinnig gewordener Soldat das Lager alarmierte, war es George, der herzueilte und ihn dingfest machte. Und am Tag der Schlacht sprang wiederum George zwischen die beiden feuernden Linien und brachte einen verwundeten Leutnant in Sicherheit.

Als er auf diese Weise bewiesen hatte, aus welchem Stoff er gemacht war, da wagte niemand mehr im Lager zu spotten, wenn George über seinen Büchern hockte oder in der Bibel las.

Der größte Mensch ist der, der mit unbesiegbarem Entschluss das Rechte wählt. Der den lockendsten Versuchungen von innen und von außen widersteht. Der die schwerste Last freudig trägt. Der am ruhigsten im Sturm und am furchtlosesten bei Drohung und Missbilligung ist und dessen Glaube an Tugend und Wahrheit nie wankt.

Solch ein Mensch war Aristides der Gerechte[4]. Als Themistokles[5] versuchen wollte, die Oberherrschaft über Griechenland aus der Hand der Spartaner in die der Athener zu spielen, erklärte er eines Tages in öffentlicher Versammlung, dass er einen sehr wichtigen Plan erdacht habe. Er könne ihn aber nicht öffentlich darlegen, da die größte Geheimhaltung nötig sei, um ihm den Erfolg zu sichern. Er schlage deshalb

---

[4] Aristides (530 v.Chr. - 467 v.Chr.): athenischer Staatsmann und Feldherr
[5] Themistokles (524 v.Chr. – 459 v.Chr.): Staatsmann und Feldherr Athens während der Bedrohung Griechenlands durch die Perser

vor, dass eine Person gewählt werde, der er die Sache erklären könne.

Einstimmig wurde Aristides gewählt und die Versammlung beschloss, sich seiner Meinung zu unterwerfen. Themistokles nahm ihn beiseite und sagte ihm, sein Plan sei der, die Flotte der übrigen griechischen Staaten, die in einem benachbarten Hafen lag, zu verbrennen, so dass alsdann Athen zweifelsohne zum Herrn von ganz Griechenland werden würde.

Aristides kehrte in die Versammlung zurück und erklärte dort, dass das Projekt von Themistokles zwar von äußerstem Vorteil für die Republik sei, dass aber andererseits nichts ungerechter und hinterlistiger sein könne.

Die Versammlung entschied die Frage einstimmig dahin, dass in diesem Fall Themistokles seinen Plan aufgeben müsse.

Ist moralischer Mut nicht stets bereit, ein Unrecht zu tadeln?

Als Bischof Patterson Schüler in Lion war, gehörte er dem Ruderklub der Jungen als Kapitän an. Er hatte den Mut, zu erklären, dass er sein Amt niederlege und nicht mitrudere, wenn beim Jahrestreffen vulgäre Lieder gesungen würden. Als trotzdem ein solches Lied gesungen wurde, stand er mit noch einigen anderen auf und verließ das Zimmer. Erst nachdem man sich bei ihm entschuldigt hatte, nahm er seinen Platz wieder ein.

So drehte auch Gladstone als Schuljunge sein Glas um, als ein ungehöriger Toast ausgebracht wurde und viele seiner Mitschüler wurden in heilsamster Weise von ihm beeinflusst. Dank dem moralischen Mut, mit dem er Abstinenzler war und blieb, herrschte unter den Studierenden der folgenden Jahre eine bedeutend größere Mäßigkeit als früher.

Ein reines Herz ist mutig.

Dies bleibt immer und überall wahr. Auf der Harvard-Universität änderte sich die Ansicht darüber, was wahre Männlichkeit ausmache, völlig, als Arthur Cumnock, der Erste in allen athletischen Übungen, seinen mächtigen persönlichen Einfluss dahin geltend machte, dass Mäßigkeit in allen Dingen, Gewissenhaftigkeit, Bescheidenheit und Höflichkeit die Kennzeichen des wahren und charakterlich starken Menschen seien. Moralischer Mut verfehlt nie seine Wirkung.

Ist nicht Unerschrockenheit des Geistes ebenso nötig im Zelt wie auch auf dem Schlachtfeld?

„Ich saß mit General Grant[6] zusammen," erzählt ein Berichterstatter, „als ein hoher Offizier erschien und sagte: ‚Leute, ich habe eine ausgezeichnete Anekdote zu erzählen. Es find ja keine Damen da!' ‚Nein, aber es sind Gentlemen anwesend,' erwiderte der Befehlshaber ruhig." Wenn ein Mann aufrichtig und edel ist, so wird er auch klug und geschickt, stark und tapfer im Geist sein.

---

[6] Ulysses S. Grant: 18. Präsident der Vereinigten Staaten zwischen 1869 und 1877.

„Wahrlich, dieser Luther[7] ist ein großer Mann," sagt Earlyle, der machtvolle Geschichtsschreiber, „groß an Verstand, an Mut, an Liebe und an Reinheit — einer unserer wertvollsten und liebenswertesten Menschen. Nicht mit einem behauenen Obelisken, sondern mit einem Berg der Alpen ist er vergleichbar. Einfach, ehrlich, sicher, ohne die Absicht, groß zu erscheinen. Er ist zu anderem Zweck da, als nur groß zu sein. Wie der Granitfelsen, der weit in den Himmel hineinragt, aber in seinen Abhängen und Schluchten Quellen und grüne Täler voll schöner Blumen hegt, birgt er in seinen Tiefen lebendige Frische."

---

[7] Martin Luther (1483 – 1546): der theologische Urheber der Reformation

3. Die Lichtträger

Das wahre Werk besteht nicht im Schein, sondern im Tun und im kräftigen Sein.

Ein wenig Gutes tue an jedem Tag.

Dies sei dein Ziel.

Und träume, wenn du magst, von künftigen Taten und Heldenruhm!

Dann erfährst du die Güte des wahren Königstum.

Alice Carp

Wir unterschätzen keine Pflicht so sehr als die, glücklich zu sein. Sind wir glücklich, so säen wir, ohne es zu wissen, Wohltaten in die Welt.

Stevenson

Das hervorragendste Merkmal eines edlen Menschen ist jene Feinheit seiner geistigen Natur, die ihn zum Empfinden der feinsten Sympathien befähigt und den Leiden anderer zugänglich macht.

Ruskin

Auf den Treppenstufen eines öffentlichen Gebäudes in Florenz, saß ein alter, invalider Soldat, der die Violine spielte. Neben ihm stand sein treuer Hund, der die Mütze des Veteranen im Maul hielt. Dann und wann ließ ein Vorübergehender eine kleine Münze hineinfallen. Ein Herr, der vorbeiging, blieb stehen, ohne dem Alten ein Geldstück zu geben. Dann bat er ihn, ihm seine Violine zu reichen und fing, nachdem er sie gestimmt hatte, zu spielen an. Der Anblick eines gut gekleideten Herrn, der an solchem Platz und in solcher Umgebung Violine spielte, erregte die Aufmerksamkeit der Vorübergehenden und sie blieben stehen. Die Musik war so reizend, dass sie mit Entzücken zuhörten und zusehends füllte sich die Mütze mit Gaben. Bald wurde sie so schwer, dass der Hund zu knurren anfing. Man leerte sie in die Hände des Invaliden und es dauerte nicht lange, bis sie wieder voll war; denn die Zuhörer mehrten sich, bis sie eine große Versammlung bildeten.

Der Künstler spielte samt Schlüsse ein bekanntes Vaterlandslied, gab die Geige ihrem Besitzer zurück und war schnell in der Menge verschwunden.

Einer der Anwesenden sagte: „Das war Armand Bücher, der berühmte Geigenspieler. Er hat dies aus Barmherzigkeit getan. Folgen wir seinem Beispiel!" Und sofort wurde die Mütze zu einer Sammlung für den Invaliden herumgereicht. Bücher selbst gab kein Geld, aber er hatte dem alten Mann einen Tag mit Sonnenschein erfüllt.

So erzählt man auch, dass Michelangelo[8], auf der Höhe seines Ruhmes, eines Tages einem kleinen Jungen begegnete, der, mit einem alten Bleistift und einem schmutzigen Stück braunen Papieres in der Hand, ihn um ‚ein Bild' bat. Der große Künstler, dessen Werke von Päpsten und Fürsten mit fabelhaften Preisen bezahlt

---

[8]Michelangelo Buonarroti (1475 – 1564): italienischer Maler, Bildhauer, Architekt und Dichter

wurden, setzte sich auf einen Randstein und zeichnete für seinen kleinen Bewunderer ein Bild.

Eine ähnliche hübsche Geschichte wird von Jenny Lind[9], einer großen schwedischen Sängerin mit dem edlen Herzen, erzählt.

Als sie einst mit einer Freundin spazieren ging, sah sie eine gebrechliche alte Frau in die Tür des Armenhauses hineinwanken. Von Mitleid bewegt, folgte sie ihr nach, angeblich, um sich einen Augenblick auszuruhen, in Wahrheit, um mit der Armen zu sprechen und ihr etwas Geld zu geben. Zu ihrer Verwunderung fing die alte Frau auf ihre Fragen sofort an, von — Jenny Lind zu sprechen und sagte: „Ich habe lange auf Erden gelebt und nun wünsche ich mir, ehe ich sterbe, nichts weiter, als nur einmal Jenny Lind zu hören."

„Würde Ihnen das denn Freude machen?" fragte Jenny.

---

[9] Jenny Lind (1820 – 1887): Schwedische Opernsängerin (Sopran)

„Ja, sehr," nickte die Alte, „aber unser eins kann nicht in Theater und Konzerte gehen und ich werde sie also nie hören."

„Das kann man nicht wissen," sagte Jenny; „sehen sie einmal her, liebe Frau und hören Sie zu!"

Und dann sang sie mit inniger Freude ihre schönsten Lieder. Als sie aber sagte: „Nun haben sie doch Jenny Lind gehört!" da weinte die Alte vor Freude und Stolz und Glück.

Süßer als Rosenduft ist der Ruf, ein gütiges, barmherziges, selbstloses Herz zu besitzen. Der schnell aufsteigende Wunsch, anderen Gutes zu tun, soweit es in unseren Kräften steht, ist für uns selbst ein Glück.

„Die Güte des Herzens, wirft ihren Widerschein auch auf die Gesichtszüge dessen, der sie besitzt."

Herbert

Und Cervantes[10] sagte von einem seiner Freunde, sein Antlitz wirke wie ein Segensspruch.

„Er sieht gut aus," meint Horace Smith[11], „das heißt: Er sieht gütig aus."

„Sei gut," sagt Longfellow[12] zu einem jungen Mädchen, „sei sanft und voll großmütiger Sympathie, achte stets auf gutes Benehmen und es wird dir nicht an ehrlicher Bewunderung fehlen, auch wenn du weder schön noch geistreich bist."

Und in der Tat: Gab es je ein selbstloses Wesen, wohltätigen und freundlichen Sinnes, gesellig, liebevoll, mitfühlend, das nicht allgemein beliebt war? Solch ein Mensch ist eben ein Lichtträger.

---

[10] Miguel de Cervantes Saavedra (1547-1616): spanischer Schriftsteller (Autor v. Don Quijote)
[11] Horace Smith (1808 – 1893): Amerik. Geschäftsmann; Mitgründer von Smith & Wesson und finanziert von Oliver Winchester.
[12] Henry Wadsworth Longfellow (1807 – 1882): amerikanischer Schriftsteller.

Manche Menschen sind zum Glücklichsein geboren. Wie auch ihre Umstände sein mögen, sie sind fröhlich, genügsam und mit allem zufrieden. Aus ihren Augen strahlt ein beständiger Feiertag, überall sehen sie Freude und Schönheit.

Wenn wir ihnen begegnen, so machen sie uns den Eindruck, als sei ihnen soeben ein besonderes Glück widerfahren, oder als hätten sie uns etwas Gutes mitzuteilen. Wie die Bienen fangen sie Honig aus jeder Blume. Sie verstehen selbst das Düstere mit Sonnenschein zu überfluten.

Im Krankenzimmer sind sie von größerem Nutzen als der Arzt und besitzen wirkungsvollere Heilkräfte als die beste Medizin. Alle Türen öffnen sich solchen Menschen. Sie sind überall willkommen.

Nicht die größte körperliche Schönheit, sondern ein liebenswürdiges, fesselndes Wesen übt den gewinnendsten Reiz aus.

Wenn wir an einem kalten Tag auf der Straße einem herzensfrohen Menschen begegnen, so ist es, als ob das Thermometer plötzlich um einige Grad gestiegen sei. Wir brauchen den Betreffenden gar nicht persönlich zu kennen, um diesen Eindruck zu empfangen. Die beiden charakteristischen Merkmale einer wirklichen Dame oder eines feinen Mannes sind, passendes Benehmen und Rücksicht auf andere.

„Willst du irgendetwas übertreiben?" fragt von Sales[13], „so übertreibe die Sanftmut." Wie gut sind Ansichten wie die folgenden für den Hausgebrauch zu verwerten: „Lass jeden danach streben, dem anderen am häufigsten nachzugeben, in völliger Selbstlosigkeit."

„Geht nie voneinander ohne ein freundliches Wort."

---

[13] Franz von Sales (1567 – 1622): Fürstbischof von Genf mit Sitz in Annecy, Ordensgründer, Mystiker und Kirchenlehrer. Außerdem ist er der Patron der Schriftsteller, Journalisten, der Gehörlosen und der Städte Genf, Annecy und Chambéry.

In einem uralten englischen Schloss wurde über dem Kamin der Halle folgende eingerahmte Inschrift gefunden:

„Der wahre Edelmann ist Gottes Diener, der Welt Herr und sein eigner Knecht. Tugendhaftigkeit ist sein Beruf. Arbeit seine Erholung. Zufriedenheit sein Ruhekissen und Glückseligkeit seine Belohnung. Gott ist sein Vater, Christus sein Heiland, die Heiligen sind seine Brüder und alle die ihn brauche seine Freunde. Frömmigkeit ist sein Kaplan. Keuschheit sein Kammerherr. Nüchternheit sein Haushofmeister. Mäßigkeit sein Koch. Gastfreundschaft seine Wirtschafterin. Vorsorge sein Verwalter. Wohltätigkeit sein Schatzmeister. Verschwiegenheit sein Türsteher, der herein- und hinauslässt, wie es am besten passt. — So besteht seine ganze Dienerschaft aus Tugenden. Alles, was der Hausherr zu tun hat, ist, sich selbst und andere glücklich zu machen. In zwei Worten: „Er muss ein charakterlich vorbildlicher Mensch und ein Christ sein."

4. Ein Mann ein Wort

Zwei indianische Krieger vom Stamm der Creeks, Watka und Deer, trafen bei einem Tanzvergnügen zusammen. Beide bewarben sich um dasselbe Mädchen, das ebenfalls zugegen war und die Flammen der Eifersucht stiegen hoch. Es kam zu einem kurzen Kampf, in dem Deer getötet wurde. Wegen dieses Mordes wurde Watka vor das Gericht seines Stammes gefordert, des Mordes für schuldig befunden und zum Tod durch Erschießen verurteilt. Anfang August sollte das Urteil vollstreckt werden.

Sofort nach dem Schiedsspruch jedoch wurde der Verurteilte auf sein Ehrenwort entlassen, wie es schon mit anderen seines Stammes gehalten worden war. Dies war einer der Stammesbräuche.

Keine Haftung, keine Sicherheit irgendwelcher Art, nichts als sein Versprechen, sich zur Hinrichtung zu stellen, wurde verlangt. Watka konnte wohl in der Hitze der Leidenschaft seinen Nebenbuhler töten, aber sein Wort brechen, das konnte er nicht.

Er heiratete das Mädchen, für das er gekämpft und getötet hatte und als der Tag der Hinrichtung näher kam, traf er seine Vorbereitungen und sorgte nach Kräften für den ferneren Unterhalt seiner künftigen Witwe.

Aber er sollte nicht dieses erste Mal, am bestimmten Tag, sterben.

Er war Mitglied eines berühmten Fußballvereins und seit langem schon zum Führer der Wettspiele, die im Herbst jedes Jahres stattzufinden pflegten, bestimmt gewesen. So wichtig erschien seinen Landsleuten die ruhmvolle Vertretung ihres Vereins, dass Watka lediglich um seiner Geschicklichkeit willen eine Galgenfrist bis zum letzten Oktober erhielt, damit er die Spiele leiten könne.

Er führte sie zu großer allgemeiner Zufriedenheit zu Ende. Und am Sonntag darauf verständigte er seine

Stammesbrüder, dass er nunmehr seine Schuld büßen wolle.

Ein Zeitungsbericht darüber lautet wie folgt: „Waika machte sich allein auf den Weg zur öffentlichen Richtstätte und kam genau zur festgesetzten Zeit dort an.

Ein großer Volkshaufen erwartete ihn. Der Verurteilte ließ sich die Augen verbinden und die Arme auf dem Rücken festschnüren; dann kniete er nieder. Die Büchse war in der Hand des besten Schützen. Ein scharfer Knall und der weiße Fleck, der auf Watkas Brust das Herz bezeichnete, färbte sich augenblicklich dunkelrot."

Eine ähnliche Geschichte stammt aus der amerikanischen Revolution. Dick Johnson, ein Aufständischer, wurde arretiert, auf sein dem Richter gegebenes Wort aber wieder freigegeben und bevollmächtigt, seine gewöhnliche Arbeit weiter zu verrichten.

Als die Zeit der Gerichtsverhandlung wegen Hochverrats gekommen war, ging er allein von zu Hause fort und wanderte durch die dichten Wälder Springfields, um das Gericht über Leben und Tod über sich ergehen zu lassen.

Ein Mitglied des Rates von Massachusetts jedoch, das ihn kannte, rettete ihn schließlich vom Strang.

Weiter besitzen wir jene Geschichte des punischen Gefangenen, des Römers Regulus, der nach Rom geschickt wurde, um seinen Landsleuten mit Frieden zu raten.

Er riet zum Gegenteil.

„Aber, Regulus, was wird mit dir geschehen? Bleib wenigstens hier!"

„Ich gab mein Wort, zurückzukehren und ich werde es auch halten; aber ihr — ihr dürft nicht Frieden schließen."

Wer möchte nicht Menschen, wie Damon und Pythias, gekannt haben — der eine bereit, als Bürge für den Freund zu sterben, der andere, sich an seinen Platz zum Kreuzestod drängend, für den Freund!

Wenn einem Menschen die Heiligkeit des gegebenen Wortes zur anderen Natur geworden ist und wenn die übrigen Züge seines Charakters zu dieser Eigenschaft stimmen, dann gibt es in seinem Leben ein Etwas, das größer als seine Erfolge oder sein Beruf ist, wertvoller als Reichtum, höher als Genie, dauernder als Ruhm. „Der sicherste Prüfstein der Zivilisation", sagt Emerson[14] „ist nicht das Gesetz, ist nicht die Größe der Städte oder der Ernten, sondern es ist die Menschenart, die das Land hervorbringt."

Montaigne hielt während des Krieges der Fronde[15] seine Schlosstore unverriegelt, weil der Ruf seiner Ehrenhaftigkeit ein besseres Verteidigungsmittel war als ein Kavallerieregiment.

„Eure Lordschaften", sagte Wellington im Parlament, „werden alle den hohen und ehrenhaften Charakter des verstorbenen Sir

---

[14] Emerson (1803 – 1882): US-amerikanischer Philosoph und Schriftsteller
[15] Fronde: komplexe Abfolge von Aufständen und Bürgerkriegen, die Frankreich zwischen 1648 und 1653 erschütterten.

Robert Peel anerkennen. Ich hatte mit ihm im öffentlichen Leben zu tun. Nie kannte ich einen Mann, in dessen Wahrheit und Gerechtigkeit ich größeres Vertrauen gesetzt hätte."

Sind nicht die Charaktere großer Menschen der Reichtum ihrer Nation? Chateaubriand[16] sagte, er habe Washington[17] ein einziges Mal gesehen und doch habe dieses einzige Mal seinen verklärenden Schein auf sein ganzes Leben geworfen. Und Jefferson schrieb einst an Washington: „Auf Ihnen ruht das Vertrauen der ganzen Nation." Von Abraham Lincoln sagte sein größter Feind, dass er das Gefühl der Sicherheit um sich verbreite.

Charakterstärke steht über allen Reichtümern und überragt alle Titel: Charakter ist wertvoller als die glänzendste Karriere. „Charakter muss hinter allem und

---
[16] Chateaubriand (1768–1848): französischer Schriftsteller, Politiker und Diplomat
[17] George Washington (1732 – 1799): war von 1789 bis 1797 der erste Präsident der Vereinigten Staaten von Amerika

jedem stehen und ihm erst seine Bedeutung geben. Sei es nun eine Predigt, ein Gedicht, ein Bild, ein Theaterstück, um das es sich handelt. Keines von allen ist einen Deut wert ohne ihn."

„Wer dem Lord Chatham[18] zuhörte, der fühlte, dass in dem Mann selbst noch viel Schöneres war, als seine Worte ausdrückten", sagt Emerson. Und Disraeli[19] bemerkte einst, dass „Wir zu viel von Systemen halten und zu wenig auf den Menschen sehen".

Ein Vormund sagte zu seinem Mündel: „Gehe lieber hundert Meilen weit, um mit einem weisen Menschen zu sprechen, als fünf Meilen, um eine schöne Stadt zu sehen."

„Der Reichtum eines Landes", sagt Luther „hängt nicht von seinen Einkünften, seinen

---

[18] William Pitt, 1. Earl of Chatham (1708 – 1778): war Premierminister von Großbritannien
[19] Benjamin Disraeli (1804 – 1881): konservativer britischer Staatsmann (Premierminister) und erfolgreicher Romanschriftsteller

Burgen oder schönen Gebäuden ab, sondern er besteht in der Menge seiner guten Bürger und ehrenfesten Menschen."

Wie wichtig und wertvoll persönliche Ehrenhaftigkeit in einer großen Krise für den ganzen Staat sein kann, wurde durch George Peabody[20] schlagend bewiesen. Nachdem er von Amerika nach London übergesiedelt war, trat im Jahre 1837 in den Vereinigten Staaten eine große Handelskrise ein. Viele Banken stellten ihre Zahlungen ein, viele Geschäftsleute machten Bankrott und Tausende mehr befanden sich in den größten Schwierigkeiten. „Der große Nerv der kaufmännischen Welt, nämlich der Kredit, war, was die Vereinigten Staaten betraf, völlig gelähmt."

Vermutlich gab es in ganz Europa kein halbes Dutzend Männer, denen die Bank von England Vertrauen geschenkt hätte, wo

---

[20] George Peabody (1795 – 1869): war ein Geschäftsmann und der größte Philanthrop seiner Zeit in den Vereinigten Staaten und Großbritannien

es sich um amerikanische Papiere handelte; aber George Peabody war einer von den wenigen.

Sein Name hatte bereits den reinsten Klang in der Handelswelt und in jenen dunklen Tagen war es seiner Unbestechlichkeit zu danken, dass die geschäftliche Panik gehemmt wurde. Peabody verschaffte dem Staat Maryland, ja, man kann beinahe sagen, den ganzen Vereinigten Staaten neuen Kredit: Sein Ruf als Ehrenmann bildete den Zauberstab, der wertloses Papier in vielen Fällen in Gold verwandelte. Er gab Kaufleuten auf beiden Seiten des Ozeans Vorschüsse, oft sogar, bevor die Waren verkauft waren.

Ein anderes Beispiel: das Francis Horners[21], der im Alter von 38 Jahren mehr Einfluss besaß als irgendein anderer Privatmann. Man bewunderte ihn, liebte ihn und vertraute ihm. Und als er in diesem frühen Alter starb, wurde er von allen, außer den

---

[21] Francis Horner (1778–1817): war Politiker, Journalist, Rechtsanwalt und Ökonomist

Herzlosen und Niedrigdenkenden, betrauert. „Es darf behauptet werden, dass größere Ehren keinem einzigen verstorbenen Mitglied des Parlamentes erwiesen worden sind."

Wie aber kam das? Seines Ranges wegen? Er war der Sohn eines Edinburgher Kaufmanns.

Seines Reichtums wegen? Weder er noch irgendeiner seiner Angehörigen besaßen je einen überflüssigen Schilling. Durch seine Stellung? Er nahm wenige Jahre lang eine nur unbedeutende und sehr mäßig bezahlte ein.

Durch seine Talente? Er besaß durchaus keine hervorragende und von Genie konnte keine Rede sein. Vorsichtig und langsam von Entschluss, war es sein einziger Ehrgeiz, Recht zu tun.

Durch seine Beredsamkeit? Er sprach zwar ruhig und so, wie ein gebildeter Mann spricht, aber ohne jedes hinreißende Rednertalent, das den Hörer bezaubert.

Durch irgendwelchen persönlichen Reiz? Er war einfach korrekt und angenehm in seiner Art sich zu geben.

Wodurch also errang er sich diese Ausnahmestellung? Einzig und allein durch seinen Verstand, seinen Fleiß, seine guten Grundsätze und sein gütiges Herz — alles Eigenschaften, die einem normalen Menschen erreichbar sind.

Es war sein Ruf als Ehrenmann, der ihn so hoch erhob und dieser Ruf war ihm nicht von der Natur mitgegeben worden, sondern er hatte ihn selbst erworben und seinen Charakter aus keineswegs hervorragend schönen Elementen geformt. Es gab Parlamentsmitglieder von weit größerer Fähigkeit und Beredsamkeit, aber keines, das ihn an moralischem Wert übertroffen hätte. Horner war ein glänzendes Beispiel dafür, was mäßige Begabung, vereint mit Bildung und Herzensgüte, ohne Beihilfe erreichen kann, selbst inmitten des neidvollen und eifersüchtigen Getriebes, das eine Beigabe des öffentlichen Lebens ist. Ein Zeitgenosse Horners beschreibt ihn als den Mann, der „die zehn Gebote auf seiner Stirn getragen habe".

„Die Natur", sagt Thackeray[22] „hat auf das Antlitz gewisser Menschen einen Kreditbrief geschrieben, der überall akzeptiert wird. Es ist unmöglich, solchen Menschen nicht zu trauen, denn ihre bloße Gegenwart stützt Vertrauen ein. Auf ihrem Gesicht steht das Versprechen der Zahlungsfähigkeit, dem man sofort glaubt und das man der baren Münze anderer Leute vorzieht. Diese Verlässlichkeit ist stets die erste Bedingung einer Republik. Wenn man von Alexander I. von Russland zu sagen pflegte, dass sein persönlicher Charakter so viel wert sei wie eine Konstitution, um wie viel mehr hängt in einem freien Land die Festigkeit der Gesetze und Einrichtungen von der moralischen Vortrefflichkeit der Volksvertreter ab!" „Ein guter und starker Mensch", sagte der alte

---

[22] William Makepeace Thackeray (1811-1863): war ein britischer Schriftsteller. Neben Charles Dickens und George Eliot gilt er als bedeutendster englischsprachiger Romancier des Viktorianischen Zeitalters.

Brown, „ist, wenn es gilt, einen Staat aufzubauen, tausend Menschen ohne Charakter wert."

„Wir wollen", sagt Stanley, „einen Menschen, sei er jung oder alt, vornehm oder gering, aber einen, dem wir völlig vertrauen können, der feststeht, wenn andere fallen. Treu und wahr als Freund. Ehrlich und furchtlos als Ratgeber. Gerecht und großmütig als Gegner. Zu einem solchen blicken wir auf wie zu einem ‚Fels im Meer'!

5. Eine Persönlichkeit

Drummond[23] der große Reisende, Theologe und Schriftsteller, nennt die Liebe das größte aller Dinge. Strahlt nun von einem starken Charakter Liebe aus, so ist dieser Charakter ein großer Charakter und seinen Träger nennen wir eine ‚Persönlichkeit' im schönsten Sinne des Wortes.

Drummond selbst war eine solche Persönlichkeit. Sein Biograph Dr. Smith gibt uns ein anmutendes Bild seiner Erscheinung und seiner ganzen Art und Weise, er sagt:

„Ansehnlich, wohlgekleidet, groß und schlank, mit elastischem Schritt und freundlichem Antlitz, trat einem Drummond in Gesellschaft entgegen, von Anmaßung wie von Schüchternheit gleich weit entfernt. Ein Gespräch mit ihm war ein Vergnügen, denn er interessierte sich schlechterdings für alles, was andere interessierte und verstand alles, ob es sich nun um Angeln,

---

[23] Alexander Drummond (1698–1769): britischer Freimaurer, Reiseschriftsteller und Konsul

Jagen, Turnen und Schlittschuhlaufen, oder um neue Rätsel oder einen neuen Witz handelte. Traf ihn ein Freund auf der Straße, so lenkte Drummond seine Aufmerksamkeit auf das, was sein scharfer Blick als drollig oder ungewöhnlich erfasste und wenn es auch nur zwei Schusterjungen waren, die sich die Mützen vom Kopf schlugen, oder ihre Stiefel niederlegten, um schnell ein Spiel mit Pfirsichkernen zu machen.

Fuhr man zufällig mit ihm im selben Abteil eines Eisenbahnwagens, so war man sicher, Interessantes zu erfahren. Vielleicht las er einem, impulsiv und begeistert, das erste Kapitel eines neuen Buches seines Lieblingsschriftstellers vor.

Traf man ihn an einem regnerischen Nachmittag in einem Landhaus bei Freunden, so beschrieb er gewiss gerade ein neues Gesellschaftsspiel, an dem in fünf Minuten alles mit Feuereifer teilnahm, oder er lehrte die Kinder ein neues Kartenkunststück. Trug er doch noch als Mann das Herz eines Jungen in der Brust.

Andererseits war er schon als Junge eine Persönlichkeit, deren Einfluss auf seine Gefährten als geradezu magnetisch bezeichnet werden konnte.

Sehr nüchterne und vernünftige Leute wurden in seiner Gegenwart befangen und setzten ihm eine Art Widerstand entgegen, gerade als ob sie fürchteten, in seinen Zauberkreis gezogen zu werden. Denn die Menschen waren sofort gefesselt, interessiert und bezaubert vom bloßen Antlitz dieses Mannes und konnten ihre Augen gar nicht von ihm abwenden.

Es war, als sähe man das heimlich im Herzen gehegte Ideal eines Prinzen verkörpert vor sich stehen und Drummond wurde wirklich von den jungen Leuten seiner Bekanntschaft ‚der Fürst' genannt. Die Liebe der Arbeiter gewann er sich in so hohem Grad, dass einer derselben nach seinem Tod sagte, „es sei ihm zu Mute, als müsse er zu ihm beten, als könne er seinen milden, segensreichen Einfluss aus den himmlischen Gefilden herabrufen." Noch keine 23 Jahre alt, wurde Drummond zum

Führer, um den sich alle wie selbstverständlich scharten, als die amerikanische Gemeinde Schottland verließ.

Ein fester Theologe war er, der die natürlichen, in der Welt des Geistes wirkenden Gesetze entdeckte — ein klarer, einfacher Denker, der die Wahrheit praktisch greifbar machte. Er war aber auch der Forscher, der in die afrikanische Wildnis hineintauchte, ohne nur im Geringsten an seinen literarischen Ruhm zu denken, während eine Viertelmillion Menschen seine Bücher las, tat er am Ende der Welt in Amerika oder Australien harte, entbehrungsreiche Arbeit.

War es ein Wunder, dass die Menschen zu ihm aufsahen, ihm anhingen und ihm nachfolgten?

6. Das Ideal in Kunst und Leben

In jedem Meisterbild der Malerei gibt es einen Gedanken oder eine Gestalt, die kühn hervortreten. Alles andere ist diesen untergeordnet und findet seine wirkliche Bedeutung nicht in sich selbst, sondern in seiner Beziehung zur Hauptidee.

So ist auch im weiten Weltenraum ein jeder Gegenstand der Schöpfung nur ein Wegweiser, der gleichsam mit dem Finger auf die Hauptfigur deutet — auf den Menschen.

Der Mensch ist die höchste und größte Schöpfung der Welt. Alle Zeiten haben versucht, ein vollkommenes Meisterbild hervorzubringen — bis jetzt ist dies nur einmal gelungen — und ein ideales Leben zu schaffen. Das Leben selbst ist eben eine schöne Kunst, schwerer zu erlernen als Bildhauerei, Malerei, Musik, Architektur oder Dichtkunst und wir müssen lernen, zu leben. Apelles[24] durchforschte ganz Griechenland viele Jahre lang, um die einzelnen Schönheiten vieler Frauen zu studieren. Hier nahm er das Auge, dort die Stirn, hier den Mund, dort eine herrliche Gestalt und hier eine anmutige Stellung, um sein berühmtes Bild des vollkommen schönen Weibes - ein Kunstwerk, das die Welt bezaubert - zu schaffen.

In ähnlicher Weise wird nun der künftige, der kommende Mensch eine Zusammenstellung sein — viele in einem.

Er wird in sich nicht die Schwächen und die Torheiten, sondern die Stärke und die Vorzüge anderer Menschenarten vereinigen. Er wird ein mit den höchsten Kräften begabter Mensch sein — in sich gefestigt, selbstbeherrscht, voll inneren Gleichgewichtes. Seine Gefühle werden nicht abgestumpft sein durch Nichtbeachtung der natürlichen Gesetze,

---

[24] Apelles (ca. 370 v. Chr.–399 v. Chr): einer der bedeutendsten Maler des antiken Griechenlands und des ganzen Altertums

sein eindrucksfähiger Charakter wird die feinsten Einflüsse der Natur zu empfinden vermögen.

„Haben Sie je einen Bildhauer beobachtet, wie er langsam ein menschliches Antlitz formt?" fragt ein moderner Lehrer. „Es wird nicht auf einmal geschaffen. Es springt nicht hervor auf einen einzigen Schlag. Nein — es wird mühsam und mit Anstrengung gebildet. Es ist ein Werk der Zeit. Dann endlich tritt die völlige Ähnlichkeit hervor und steht festgebannt und unveränderlich im festen Marmor. So schafft ein Mensch sein eigenes moralisches Selbst. Täglich fügt er dem Werk etwas hinzu."

„Ich kann nicht bemerken, dass Ihr seid meinem letzten Besuch irgendwie mit Eurem Werk fortgeschritten wärt," sagte ein Kunstkritiker zu Michelangelo.

„Aber", erwiderte der Bildhauer, — „ich habe diesen Teil geglättet, jenen herausgearbeitet, diesen Muskel hervortreten lasten, jene Lippe weicher geformt, diesen Zug verschärft, jenes Glied energischer geformt."

„Aber das sind Kleinigkeiten."

„Das mag sein, aber Kleinigkeiten machen die Vollkommenheit aus und Vollkommenheit ist keine Kleinigkeit."

Diese unendliche Geduld, welche einen Michelangelo veranlasste, eine Woche damit zuzubringen, einen Muskel an einer Statue mit mehr Lebenswahrheit herauszubringen, oder einen Gerard Dou[25] einen ganzen Tag darauf verwenden ließ, einem Tautropfen in einem Kohlblatt den richtigen Effekt zu geben, macht eben den Unterschied aus zwischen Erfolg und Misserfolg.

Wenn du in deine Beschäftigung — wie bescheiden sie auch sein mag — den Sinn

---

[25] Gerard Dou (1613–1675): war ein niederländischer Maler des Barocks. Wegen der minutiösen Details und seiner vollendeten Technik in seinen Werken gilt er als Begründer der Leidener Feinmalerei

der Schönheit, der Harmonie, des Vergnügens hineinlegst, so wirst du von einem Handwerker zu einem Künstler. Das Missvergnügen, das du über die Arbeit, zu der du gezwungen bist, fühlst, kommt daher, dass du dich der Arbeit wie einer Plage entledigst. Verrichte sie als Meister im Bewusstsein der Schönheit, die in jeder Arbeit liegt und die Last wird verschwinden in der Freude.

„Der Geist, in dem wir arbeiten, verleiht unserer Arbeit Würde, nicht die Arbeit selbst. Und der Geist, in dem manches Feld gepflügt, manches Haus erbaut wurde, war edler als der, in dem so manches Reich regiert und so manches große Heldengedicht geschaffen wurde. Wie wenige finden im großen Prunksaal des Lebens etwas begehrenswert außer Geld und Gut!"

Wie Emerson sagt: „Der Landwirt sieht seine Garben[26] und seinen Heuwagen und nichts, was darüber geht. Und so wird er

---

[26] Garbe: Bündel aus Getreidehalmen

nicht der Herr, sondern der Sklave seines Eigentums." — Das Leben ist nicht gering, es ist großartig. Der, dem es gering erscheint, trägt selbst die Schuld daran. Der Schöpfer machte das Leben herrlich. Blumen wachsen an seinem Weg, Sterne strahlen über ihm. Sonnen, Monde, Sternbilder, die ganze Pracht des Weltalls — alles, was groß und göttlich und schön ist, umgibt unser Leben.

Wenn es keine Bedeutung hätte, — warum wäre all die Herrlichkeit geschaffen worden? Ruskin[27] sagt uns, dass die Erde, auf welche wir mit den Füßen treten, aus Ton, Sand, Ruß und Wasser besteht. Und weiter, dass, wenn die Natur ihre vollkommene Arbeitskraft an diesen Dingen ausüben kann, der Ton zum Porzellan wird und bemalt und in Königspalästen aufgestellt werden kann. Er kann aber auch klar und hart und weiß werden und kann die blauen, roten, grünen und violetten

---

[27] John Ruskin (1819 – 1900): war ein britischer Schriftsteller, Maler, Kunsthistoriker und Sozialphilosoph

Sonnenstrahlen an sich ziehen und als ein Opal aus der Verwandlung hervorgehen. Der Sand wird ebenfalls felsenhart und weiß und erhält die Eigenschaft, alle blauen Strahlen des Sonnenlichtes an sich zu ziehen und er wird dadurch zum Saphir. Der Ruß aber wird zur härtesten und klarsten aller Substanzen und verwandelt sich in Diamanten.

Das Wasser ist im Sommer ein Tautropfen und der Winter kristallisiert es in einen Stern.

Und so kann, gleicherweise, auch das bescheidenste Leben, wenn es Wahrheit, Aufrichtigkeit, Liebe und Treue an sich zieht, ein leuchtender Edelstein werden.

Jeder Gedanke, der durch unser Gehirn fliegt, jedes Wort, das wir aussprechen, jede Tat, die wir vollbringen, hinterlassen ihren Eindruck auf den innersten Kern unseres Wesens und das Resultat dieser Eindrücke ist — unser Charakter.

Das Studium der Bücher, der Musik oder der schönen Künste ist nicht notwendig, um einen edlen Charakter zu bilden. Es kommt auf den Arbeiter an, ob ein roher Marmorblock zu einer Pferdekrippe geschnitten oder in einen Apoll, eine Psyche, eine Venus von Milo umgeschaffen wird. Gleicherweise hängt es von unserem Willen ab, ob wir ein geistiges Gebilde entwickeln, das schöner ist als all diese Kunstwerke. Ein Gebilde, das von Charakter durchleuchtet ist.

„Wunderbar ist die Macht großer Gedanken und Gefühle, einen Menschen über seine Hingebung hinauszuheben, sein Antlitz und sein Wesen zu verfeinern. Die Gesichter großer Gelehrter, Reformatoren und Staatsmänner bezeugen es."

Der Körper ist nur Diener des Geistes. Eine in schönem Gleichgewicht befindliche Intelligenz, die sich zu beherrschen weiß, die sorgfältig genährt wird, wirkt mächtig auf den Körper und trägt dazu bei, ihn harmonisch zu gestalten. Während andererseits ein schwaches, schwankendes, einseitiges und unwissendes Gemüt schließlich auch den Körper entsprechend beeinflussen wird.

Jeder reine und erhebende Gedanke, jedes Streben nach dem Guten und Schönen, jedes hohe Ziel und jedes selbstlose Bemühen wirken auf den Körper zurück, machen ihn stärker, harmonischer und schöner. Wie Bodenstedt[28] sagt:

„In jedes Menschen Gesicht steht seine Geschichte, sein Hassen und Lieben deutlich geschrieben.

Sein innerstes Wesen, hier tritt es ans Licht; doch nicht jeder kann's lesen, verstehen jeder nicht."

Der Einfluss künstlerischer Arbeit — der Bildhauerei und der Malerei — auf den Charakter kommt aus grauem Altertum zu uns. Wir werden nie müde, die antiken Formen vollkommener Schönheit zu bewundern. Ist Michelangelo etwa tot?

---

[28] Friedrich Martin von Bodenstedt (1819 – 1892): war ein deutscher Schriftsteller

Frage die Hunderttausende, die mit Bewunderung auf seine unsterblichen Werke in Rom und Florenz geschaut haben! In wie vielen tausend Leben hat er gelebt und geherrscht!

Unserem Leben, entströmt immer etwas wie Flammenhitze oder wie Blumenduft. Der Einfluss einer einzigen edlen Handlung hat so manches Leben auf den Pfad der Schönheit und des Glücks geführt.

Jede wahre Natur steht fortwährend unter den Eindrücken, die vom Edelmut und der inneren Schönheit anderer ausgehen. Es gibt überall zahlreiche Männer und Frauen, die siegen, noch ehe sie sprechen und die einen Einfluss ausüben, der in keinem Verhältnis zu ihren Fähigkeiten steht. Wo liegt das Geheimnis ihrer Gewalt über die Menschen? Sie haben Charakter. Es ist ganz natürlich, dass Vornehme wie auch einfache Menschen einem Charakter folgen und an ihn glauben, denn Charakter ist Macht.

Als Raffael[29] ein Jüngling von 17 Jahren war. besuchte er als Schüler die Werkstatt des Malers Perugino.

Es wurde einige Zeit darauf die Entdeckung gemacht, dass die Malweise Peruginos sich kurz nach dem Eintritt Rafaels geändert hatte. Seine Werke besaßen plötzlich eine ungewohnte Feinheit des Gefühls und Reinheit des Ausdrucks. Seine Farbe nahm einen Glanz und eine Lieblichkeit an, die er vorher nicht kannte und dies alles — weil ein Junge gekommen war, um von ihm zu lernen und weil dieser Junge einen starken Einfluss auf des Meisters Gemüt ausübte.

Jeder Mensch, wie einfach er auch sei, ändert und formt täglich und stündlich den Charakter derer, mit denen er in Berührung kommt und übt dadurch eine Macht aus, die sich durch unzählige Generationen fortpflanzen wird. Unsere Manieren, unsere Haltung, unser Äußeres erzählen die

---

[29] Raffael (1483 – 1520): war ein italienischer Maler und Architekt und gilt als einer der bedeutendsten Künstler der italienischen Hochrenaissance.

Geschichte unseres Lebens, auch wenn wir nicht sprechen. Die Wirkung jeder Handlung verbreitet sich über den ganzen Erdkreis. Hat denn nicht jeder Mensch, der je lebte, etwas dazu beigetragen, mich zu dem zu machen, was ich bin?

„Was wir auf Marmor schreiben, es wird zerbröckeln. Auf Erz, die Zeit wird es verlöschen. Und errichten wir Tempel, so werden sie in Staub zerfallen. Was wir aber in die Herzen der Menschen schreiben, indem wir sie mit guten Grundsätzen, mit Gerechtigkeit und Liebe gegen unsere Mitmenschen erfüllen, das bleibt und leuchtet hell durch alle Ewigkeit!"

7. Gutes tun

An einem kalten, stürmischen Winterabend, dessen tiefe Dunkelheit durch die Laternen und Lichter der Hauptstadt nur noch auffälliger hervortrat, eilte ein Ladenmädchen nach ihrer harten Tagesarbeit durch das nasse Schneetreiben nach Hause.

Es war um die Zeit, da wohlhabende Kaufleute ihr warmes Abendbrot essen, da die Geschäfte geschlossen werden und die Straßenbahn oder der Bus überfüllt sind. Aber zu den vielen, die zu arm waren, um eine solche Fahrgelegenheit zu nutzen, gehörte auch das zart und kränklich aussehende, ärmlich gekleidete Mädchen, dessen dünnes Mäntelchen sie nur notdürftig gegen die Winterkälte schützte. Sie ging eiligen Schrittes dahin, offenbar war sie sehr schüchtern und achtete wenig auf ihre Umgebung.

Ein blinder Mann stand an der Ecke eines zugigen Hausflurs und bot, ohne ein Wort zu sagen, der hastenden Menge Bleistifte zum Kaufen an. Der Wind und die eisige Nässe schlugen in sein Gesicht. Er hatte keine Handschuhe. Seine mageren Hände umschlossen mit blaugefrorenen Fingern die nassen, beeisten Bleistifte. Er sah aus, als hätte die Kälte ihn zu Eis erstarrt. Das Mädchen ging an dem Mann vorbei, wie alle die übrigen, hastig dahineilenden Menschen. Als sie ein paar Häuser weit gegangen war, suchte sie in ihrer Tasche, drehte sich um und ging zurück. Einen Augenblick lang sah sie aufmerksam auf den Verkäufer nieder und als sie bemerkte, dass er sich nicht regte, ließ sie still ein Soustück in seine Hand fallen und entfernte sich. Aber sie war offenbar unruhig, denn ihre Schritte verlangsamten sich.

Sie blieb wieder stehen, kehrte um und ging schnell zu dem dunklen Durchgang zurück, an dessen Ecke der Mann halbverborgen saß. Sie beugte sich über ihn und fragte sanft: „Sind Sie wirklich blind?"

Der Mann hob den Kopf und richtete seine erloschenen Augen auf sie. Dann zeigte er mit einer unbeschreiblichen Bewegung auf seine Brust.

Da hing die Kriegsmedaille der Republik von Frankreich.

„Ich bitte um Verzeihung, mein Herr," sagte das Mädchen bescheiden, „bitte, geben Sie mir mein Soustück zurück!" „Ja, Madame." erwiderte er und hielt ihr die Münze hin.

Sie nahm ihre Börse heraus — eine sehr magere Börse. Sie enthielt nur 2 Fünffrankenstücke, die Hälfte ihres Wochenlohnes — alles, was sie besaß. Eines der Silberstücke legte sie in seine Hand.

„Nehmen Sie dies" sagte sie „und gehen Sie nach Hause. Sie dürfen nicht hier sitzen in dem eisigen Wind und dem Schneetreiben." Dann wandte sie ihre Schritte heimwärts, überzeugt, dass niemand sie gesehen habe.

-

Eine arme Frau, die wusste, dass Dr. Goldsmith Medizin studiert hatte und die von seiner großen Menschenfreundlichkeit hörte, bat ihn in einem Brief, etwas für ihren Mann zu verschreiben, da er allen Appetit verloren habe und sich in einem höchst bedrückten Zustand befinde. Der gutmütige Doktor besuchte die Leute sofort und sah, nachdem er seinen Patienten in Augenschein genommen und ausgefragt hatte, recht wohl, dass der Mann in Not und Krankheit verging.

„In einer Stunde werde ich Ihnen Pillen schicken, die Ihnen sicher gut tun werden." sagte er. Sodann ging er nach Hause, legte 10 Zwanzigmarkstücke in eine große Pillenschachtel und klebte darauf die Anweisung: „Zu nehmen, wie die Notwendigkeit es erfordert. Seien Sie geduldig und fassen Sie Mut!"

-

In der Schlacht von Frederiksburgh lagen Hunderte verwundete Soldaten einen ganzen Tag und eine Nacht lang auf dem Schlachtfeld. Ihre herzzerreißenden Schreie nach Wasser fanden nur in dem Donnern der Geschütze eine Antwort.

Schließlich bat ein Soldat der südlichen Armee, der diese Schreie nicht länger ertragen konnte, seinen General um die Erlaubnis, den Verwundeten Wasser hintragen zu dürfen. Der General sagte ihm, dass es sicheren Tod bedeute, sich auf dem Schlachtfeld zu zeigen. Der Jammer der Verwundeten aber übertönte im Herzen des Soldaten das Donnern der Geschütze und er eilte mit großen Wassereimern zu den Verwundeten und Sterbenden hinaus.

Staunende Blicke von beiden Seiten der kämpfenden Armeen folgten dem tapferen Burschen, als er, unbekümmert um das Feuern, von einem der Verwundeten zum anderen ging und ihr Haupt aufstützend, den kühlenden Trank an ihre vertrockneten Lippen brachte. Die Soldaten der nordischen Armee waren so betroffen von der Handlung dieses Knaben, der sein Leben wagte um seiner Feinde willen, dass sie ihr Schießen anderthalb Stunden lang einstellten, wie auch die Verbündeten taten. Während dieser ganzen Zeit ging der Jüngling über das Schlachtfeld, gab den

Dürstenden zu trinken, schob die verstümmelten Glieder in eine bequemere Lage, legte Tornister unter die Häupter der Leidenden, breitete ihre Mäntel und Decken über sie und versorgte sie mit einer Aufmerksamkeit, als ob es seine eigenen Freunde und Kameraden wären.

-

General Gordon[30] besaß eine große Menge von Medaillen, aus denen er sich nicht viel machte. Nur eine große goldene, die ihm die Kaiserin von China gegeben hatte, mit einer besonders für ihn bestimmten Inschrift, liebte und schätzte er sehr und trug sie häufig. Eines Tages jedoch, niemand wusste, wie oder wohin, war sie plötzlich verschwunden. Nach vielen Jahren erst kam es durch einen merkwürdigen Zufall heraus, dass Gordon die Inschrift ausradiert, die Medaille für 10 Pfund Sterling (200 Mark) verkauft und den Erlös, ohne seinen Namen

---

[30] Charles George Gordon (1833 – 1885): auch Chinese Gordon genannt, war ein britischer Major-General und Generalgouverneur der ägyptischen Provinz Sudan

zu nennen, an die von der Hungersnot in Manchester Leidenden gesandt hatte.

-

Es gibt eine schöne Erzählung, die sich wie ein orientalisches, wunderbares Märchen liest: Ein spanischer Maure, der in seinem Garten spazieren geht, sieht plötzlich vor sich einen spanischen Kavalier, der ihn um Schutz bittet. Er habe einen Mauren erschlagen, sagt er und seine Verfolger seien ihm auf den Fersen. Der Maure verspricht ihm Schutz und schließt ihn in sein Sommerhaus ein. Um Mitternacht erscheint er wieder vor seinem Gast und sagt: „Den Du erschlugst, grausamer Christ, der war mein Sohn! Doch ich gab Dir mein Wort und das Gastrecht ist heilig. Flieh! Vor dem Tor steht für Dich mein schnellstes Pferd. Gott allein sei Dein Richter."

Wenn die Heiligkeit des Versprechens nicht mehr geachtet würde, so darf die Welt getrost untergehen. Ein ideales Leben auf Erden ist unmöglich, wenn unter den

Menschen nicht ein hoher, großmütiger Sinn herrscht.

„Die letzte, beste Frucht," sagt Jean Paul Friedrich Richter[31], „die zu später Vollkommenheit in der freundlichen Seele reift, ist Sanftmut gegen den Harten, Nachsicht gegen den Unnachsichtigen. Herzenswärme gegen den Kalten, Menschenliebe gegen den Menschenfeind."

Wenn wir am Seeufer stehen, während die Flut steigt, schießt eine Woge weit höher an der Küste hinauf als irgend eine andere, weicht dann zurück und eine Zeit lang erreicht keine der folgenden Wogen dieselbe Höhe. Nach einer Weile spült aber das ganze Meer auf derselben Stelle und darüber hinaus. So ragt auch dann und wann ein Mensch einen Kopf hoch über seine Mitmenschen empor und beweist damit, dass die Natur noch nicht ihr Ideal der Größe verloren hat. Und nach einiger Zeit erreicht selbst der mittelmäßige

---

[31] Jean Paul (1763–1825): war ein berühmter deutscher Schriftsteller

Mensch die höchste Höhe edlen Menschentums, die die Welt bis jetzt kennt.

8. Ein unverrückbares Ziel

Auf einem großen, weiten Platz in New Orleans steht eine von der Stadt errichtete schöne Marmorstatue und darauf sind die Worte eingegraben:

„Margaret von New Orleans". — Margaret war zur Waise geworden durch die Verheerungen des Gelben Fiebers. Sie heiratete sehr jung, aber sowohl ihr Mann als auch ihr einziges Kind starben. Arm und ungebildet, wie sie war, konnte sie kaum ihren Namen schreiben. Aber sie konnte arbeiten und nahm Dienste in einem Waisenhaus für Mädchen. Dort nun arbeitete sie von früh bis spät, bat bei den Kaufleuten um Lebensmittel für die Waisenkinder und widmete ihr ganzes Leben dem Wohl dieser Mädchen.

Als ein neues schönes Waisenhaus erbaut wurde, waren es Margaret und eine barmherzige Schwester, die alle darauf stehenden Schulden abtrugen. Margaret eröffnete zu diesem Zweck einen eigenen Milchladen und eine Bäckerei. Jedermann kannte sie und kaufte von ihr. Unermüdlich arbeitete und erwarb sie, um den Waisen zu helfen, die sie als ihre eigenen Kinder betrachtete. Für sich selbst aber sparte sie an jedem Pfennig. Nie hat sie ein seidenes Kleid besessen und nie Glacéhandschuhe[32] getragen. Sie war sehr hässlich, aber die Stadt errichtete ihr dieses schöne Denkmal als ein Zeichen der Dankbarkeit für ein hilfreiches, selbstloses Leben.

In einer völligen Selbstentäußerung und Hingabe an alles Bessere, Reinere und Wahre besteht das Geheimnis, wie ein Charakter sich entwickelt. Durch hingebenden Eifer für das Edle und Treffliche wird unsere Selbstliebe geklärt und vermindert und durch beständiges Aufschauen zur Vortrefflichkeit befreit sich unser Selbst von allem Nichtigen und Unreinen. Ein edles Leben drückt den Gesichtszügen seinen Stempel auf. Was kann schöner sein als das Antlitz Schillers oder Ludwig Richters und vieler anderer

---

[32] Glacéhandschuhe: feine, weiße Handschuhe aus Glacéleder

Menschen, die auf einem Modebild eine klägliche Figur machen würden. Wenn jemand sein ganzes Streben darauf richtet, immer das Rechte zu tun, so wird es nicht lange dauern, bis sein Antlitz den Wiederschein des Heroischen, der Selbstbeherrschung, großer Hoffnung und großer Schmerzen, ja vielleicht auch den Ausdruck des Märtyrertums trägt. Woher gewisse Züge in Gladstones[33] Gesicht kommen, wird uns klar durch solche Anekdoten, wie sie Francis Crossley erzählt, dem sie vom Pfarrer in St. Martins mitgeteilt wurden.

Der Pfarrer hatte einen kranken Straßenkehrer seiner Gemeinde besucht. „Ist jemand bei Ihnen gewesen?"

„Ja, Mr. Gladstone besuchte mich."

„Aber wie kam es, dass der Sie besuchte?" fragte der Pfarrer, der nicht recht begriff, warum der Premierminister von England,

---

[33] William Ewart Gladstone (1809 – 1898): war ein viermaliger britischer Premierminister

wenn er auch innerhalb desselben Kirchspiels wohnte, wie ein kranker Straßenkehrer, bei ihm Visite machen sollte. „Nun," sagte der Kranke, „er hatte immer ein freundliches Wort und einen Sixpence für mich, wenn er an meinem Platz vorbeikam" — in England wird jeder besondere Straßenübergang stets von einem, gleichsam darauf abonnierten Straßenkehrer für die Passanten gekehrt — „und als er mich nicht dort fand, fiel es ihm auf. Er fragte meinen Kameraden, der statt meiner kehrte, wo ich sei und als er hörte, ich wäre krank, schrieb er sich meine Adresse auf. Und nun hat er mich besucht."

„Und was hat er denn gemacht?"

„Nun, er hat mir aus der Bibel vorgelesen und mich getröstet." war die Antwort.

Dieser kleine Zug — wie beredt spricht er für die Größe des Mannes, der so einfach handeln konnte! — „Ich war krank und Ihr kamt zu mir."

Hierhin gehört auch die Geschichte Johns, eines hässlichen, kurzgeschorenen, halb hinkenden Mannes, der in einer Gelben-Fieber-Epidemie sich im Krankenhaus als Pfleger meldete.

Widerstrebend nur nahm der Arzt ihn an, aber nach einigen Wochen schon war er der unentbehrlichste Pfleger geworden. Die schwersten Dienste verrichtete er am liebsten. Die Kranken und Sterbenden beteten ihn an, den Vernachlässigten erschien er wie ein Engel. Seinen Lohn tat er heimlich in eine öffentliche Sammelbüchse für die Kranken.

Als er aber selbst an der Pest starb, da fand man auf seiner Schulter ein fahles Brandmal — John der Pfleger war ein früherer Sträfling. Seine Grabschrift lautete: „Ich war krank und Ihr kamt zu mir." —

Es gibt nur einen Weg im Leben der allen offensteht: Das ist der Weg der Tugend.

„Der innere Wert, diese persönlichste Macht," sagt Emerson, „wird überall anerkannt."

Nie gab es dafür ein sprechenderes Beispiel, als im Krimkrieg, wo bei einem Mittagessen des kommandierenden Generals die alten Offiziere vom Befehlshaber zu einer Abstimmung aufgefordert wurden. Jeder sollte heimlich auf einen Zettel denjenigen Namen schreiben, der seiner Meinung nach den Krieg ruhmvoll überleben und der Nachwelt aufbewahrt werden würde. Und jeder Zettel trug den Namen: ‚Florence Nightingale' die edle Pflegerin, die von den Soldaten die ‚Dame mit dem Licht' genannt wurde. Sie gewann den größten Ruhm in diesem Krieg im Orient.

„Wenige Stunden nach ihrer und ihrer Pflegerinnen Ankunft," so lautet der Bericht, „wurden Hunderte von Verwundeten von Balaklava und ein wenig später Tausende mehr von Inkerman hereingebracht. Nichts war fertig, alles musste getan werden und die Aufgabe Florence Nightingales war es, in dieses

Chaos von Elend und Jammer Ordnung zu bringen.

Manchmal während der ersten Wochen ihrer selbstgewählten Aufgabe, stand sie 20 Stunden lang ununterbrochen auf den Füßen, ihre Befehle austeilend und als sie alles methodisch eingerichtet hatte, machte sie es sich zur Pflicht, in den schlimmsten und herzzerreißendsten Fällen persönlich einzugreifen."

„Ihre Nerven," sagte ein Wundarzt, der mit ihr arbeitete, „hielten in wunderbarer Weise stand. Ich bin mit ihr bei den schwersten Operationen gewesen. Wo andere bei dem Anblick der grauenhaften Verwundungen ohnmächtig zurückgesunken wären, da beugte sie sich helfend und stützend und tröstend über den Unglücklichen. Nie verließ sie einen Sterbenden, ehe der Tod ihn erlöst hatte."

„Sie sprach zu dem und jenem und nickte und lächelte anderen zu," sagte ein Soldat, „sie konnte es nicht bei allen tun — wir lagen ja zu Hunderten. Aber wir konnten ihren Schatten an der Wand küssen, wenn sie vorbeiging und schon das tröstete uns."

Ein anderer sagte: „Ehe sie kam, da gab es ein wildes Lästern und Fluchen, aber wenn sie wieder fortging, da war es so still wie in einer Kirche geworden".

Wie sehr sprechen solche Dinge für das Gute im Menschen, wie sehr erhöhen sie seine Würde! Diejenigen, deren Leben durch ihre edlen Taten geheiligt ist, werden von uns unbewusst auf einen höheren Platz gestellt. Unerschütterliche Hingabe an die Pflicht ist das Bindemittel, welches das Gebäude der Moral zusammenhält. Macht, Güte, Verstand, Wahrhaftigkeit, ja selbst die Liebe können keinen Bestand haben ohne diese und selbst der höchste Gedankenflug kann nie Geradheit und moralische Festigkeit überflügeln.

Einst lag ein tödlich verwundeter Soldat auf seinem Feldbett und zählte die Tage, nein, die Stunden, seiner Erlösung. Und nach seinem Tod fand man unter seinem Kopfkissen die folgenden Zeilen: „Ich gebe einem geduldigen Gott mein geduldiges Herz."

Er glaubte an eine Verbindung seiner Seele mit dem Höchsten.

9. Die Ehre über alles

Der reinste Schatz, der die Welt bedeutet ist: Fleckenloser Ruf. Ist der dahin, so sind die Menschen nur gemalter Ton.

Shakespeare[34]:

„Reichtum verloren — nichts verloren;

Gesundheit verloren — etwas verloren;

Ehre verloren — alles verloren."

Inschrift über der Tür einer Schule in Deutschland.

Wir besaßen keinen Pfennig; aber wir sprachen nie vom Geld, denn Geld war unserem Ehrgeiz nichts.

Rousseau.

---

[34] William Shakespeare (1564 – 1616): war ein englischer Dramatiker, Lyriker und Schauspieler. Seine Werke sind Teil der Weltliteratur.

„Das Mehl kostet bei uns fünf Heller die Metze und Wasser bekommen wir umsonst, Majestät." Das war die Antwort, die Sokrates[35] dem König Archelaus gab, der ihn aufgefordert hatte, das öffentliche Lehren in den schmutzigen Straßen Athens aufzugeben und mit ihm in seinem prächtigen Schloss zu wohnen.

„Ich brauche aber solche Sachen nicht." sagte Epiktet[36] zu dem reichen römischen Redner, der über seine Verachtung des Reichtums spottete, „und übrigens seid Ihr ärmer als ich. Ihr habt zwar Silbergefäße, aber Euer Verstand, Eure Grundsätze, Eure Bedürfnisse sind aus Ton. Mein Geist versorgt mich mit reichlicher Tätigkeit an Stelle Eures unruhigen Müßiggangs. Euer Besitz scheint Euch gering. Meiner erscheint mir groß. Eure Wünsche sind unersättlich, die meinigen sind befriedigt."

---

[35] Sokrates (469–399 v.Chr): war griechischer Philosoph
[36] Epiktet (50-138 n.Chr.): war ein antiker Philosoph

„Ich besitze einen reichen Nachbar," sagt Walton. „der immer so beschäftigt ist, dass er keine Zeit hat, zu lachen. Sein ganzes Leben bringt er damit hin, Geld und immer mehr Geld zu verdienen. Er arbeitet beständig weiter und sagt: ‚Die fleißige Hand macht reich'. Aber er bedenkt nicht, dass Reichtum nicht die Macht hat, glücklich zu machen, oder, wie ein weiser Mann von großer Urteilskraft es ausdrückt: ‚Diesseits des Reichtums gibt es ebenso viel Elend wie jenseits'."

Die Schlüssel, die jene Reichtümer verschließen, hängen oft recht schwer am Gürtel des reichen Mannes. Wir wollen also dankbar sein für Gesundheit und gutes Auskommen und für ein ruhiges Gewissen.

„Geld ist keine Notwendigkeit," sagte der Professor Blackie[37] zu den Studenten der Edinburgher Universität. „Macht ist nicht notwendig, Freiheit ist nicht notwendig,

---

[37] John Stuart Blackie (1809–1895): war ein schottischer Philologe, Dichter, Schriftsteller und Hochschullehrer

selbst Gesundheit ist nicht das Notwendigste; aber einen guten Namen, den müssen wir haben, der ist das Wichtigste."

Die wahren Wohltäter der Menschheit," sagt Emerson, „sind diejenigen Männer und Frauen, die ihre Mitmenschen emporzuheben verstehen aus der Welt des Geldes und der Sorgen, die ihnen Interesse einflößen für ihr höheres Wesen und sie ihren Geldbeutel vergessen machen. Die den Erwerbenden in Regionen heben, wo er aufhört, Glück und Größe nach Euro und Cent zu berechnen und die materielle Bedürfnisse gering einschätzen, auf dass die Menschen sich an der Tafel geistiger Genüsse sättigen."

Der ist der Reichste, der sein Land bereichert, der mit seinem Geld zugleich sich selbst gibt, auf den sein Volk stolz ist, weil er die Tür goldener Gelegenheiten am weitesten seinem Nächsten öffnet und der dem Blinden Auge, dem Lahmen Fuß ist. Solch ein Mann macht jeden Fußbreit Bodens seiner Heimat wertvoller und jeden seiner Nachbarn reicher. — Andererseits hat mancher Millionär die Stadt, in der er lebte, geschädigt und jeden Quadratfuß Bodens entwertet. —

Ist ein guter Name nicht das Kapital des armen Mannes? Ist er nicht ein erreichbares Stück Eigentum? Wird er nicht als moralische Sicherheit, als edelstes Besitztum betrachtet? „Der gute Name ist ein Rittergut in der Schätzung der Menschen und wer ihn erwirbt, der wird seine Belohnung in der Achtung und Wertschätzung seiner Nächsten finden."

„Du sollst mir ebenso treu dienen, wie ich dir," sagte ein Quäker, zu seinem neuen Lehrling. Der Junge gewann sich seines Meisters Vertrauen durch Ehrlichkeit, Fleiß und Gutmütigkeit. „Harry," sagte der Quäker, „ich werde dir ein schönes Geschenk machen, wenn deine Lehrzeit um ist. Ich kann dir noch nicht sagen, was es sein wird, aber es wird für dich einen größeren Wert haben als eine Zehntausender Geldscheinnote."

Als die Lehrzeit um war, sagte der Meister: „Ich will dein Geschenk deinem Vater übergeben." und als er zu diesem kam, redete er ihn an:

„Dein Sohn ist der beste Lehrling, den ich je gehabt habe. Und das ist, was ich ihm schenke: Ein gutes Zeugnis."

Harrys Erwartungen eines goldenen Lohnes schwanden dahin, aber sein Vater sagte zum Meister: „Es ist mir lieber, dass du so sprichst, als wenn du meinem Sohne all dein Geld gegeben hättest. Denn ein guter Leumund ist besser als große Reichtümer. Er ist die Frucht seiner eigenen Anstrengung, die Belohnung seiner guten Grundsätze."

Ein guter Name! Ohne ihn hat Geld keinen Wert, Geburt keinen Vorzug, Stellung keine Würde, Schönheit keinen Reiz und Alter keine Achtung.

Guter Ruf ist gute Ware. Je mehr ein Mensch davon besitzt, je leichter kann er beides vermehren.

Ein guter Ruf bedeutet Macht und Einfluss. Er macht Freunde, erwirbt Gunst und Unterstützung und öffnet einen sicheren Weg zu Wohlhabenheit, Ehren und Zufriedenheit.

Wie hätten jene Tausende von Geschäftsleuten, die beim Brand von Chicago jeden Cent, den sie besaßen, verloren hatten, es möglich machen können, sofort ihr Geschäft wieder aufzunehmen und fortzusetzen, wenn ihr guter Ruf nicht ihr Betriebskapital gewesen wäre? Die kaufmännischen Agenten bezeugten, dass sie ehrliche Männer seien: „Sie hätten stets prompt bezahlt, sie seien fleißig und zuverlässig und ihre Geschäftsführung sei solide gewesen."

Dieses Zeugnis war so gut wie eine Summe auf der Bank. Ihr guter Ruf war ihr Bürge. Er war die Münze, die völlig verarmte Männer in den Stand setzte, Waren im Wert von vielen Tausenden zu kaufen. Ihre Rechtschaffenheit verbrannte nicht zugleich mit ihren Warenhäusern. Ihr bestes Teil konnte nicht vom Feuer erreicht, oder vernichtet werden. Ein guter Name ist ein wertvolles Ding, wertvoller als Kronen und Schätze. Kein edleres Streben auf Erden, als ihn zu gewinnen. Denn bloßer Gelderwerb ist mit Recht ungesund genannt worden, wenn er den Geist verarmt, oder wenn er die Quellen höheren Lebens vertrocknet, wenn er den Sinn für Schönheit ertötet und uns gleichgültig macht gegen die Wunder der Kunst und Natur, wenn er den moralischen Sinn abstumpft und den Unterschied zwischen Recht und Unrecht, zwischen Tugend und Laster vermischt.

Es ist genau ebenso wichtig, sich Zeit für die Entwicklung der ästhetischen Fähigkeiten zu gönnen sowie es nötig ist, den Erwerbssinn zu pflegen. „Der Mensch lebt nicht vom Brot allein." Sein höheres Leben verlangt gleichfalls angemessene Nahrung. Der Millionär, der keinen guten Ruf besitzt, ist ein Bettler im Vergleich zu dem Armen, der ihn sich erworben hat. Was sind denn Häuser und Acker, Aktien und Staatspapiere, verglichen mit der Ehre? Eine einfache Lebensweise, eine reiche

Gedankenwelt und ein hohes Streben sind die wahren Reichtümer. Weder die Mittel, noch der Wert eines Menschen können nach seinem Geld bemessen werden. Hat er eine volle Börse und ein leeres Herz, ein großes Besitztum und ein beschränktes Verständnis — was nützen ihm da seine „Mittel"? Welches Glück verschafft ihm sein Kredit?

Gibt es wohl einen traurigeren Anblick, als den eines Greises, der, anstatt geistig zu wachsen, sein ganzes Leben damit verbracht hat, Geld zu gewinnen? Selbst wenn er vermittelst seines Reichtums Bücher, Statuen und Gemälde angehäuft hat, kann er doch ein Fremdling unter ihnen sein. Wie arm ist er, wenn seine Seele nun gar zu der eines Geizhalses zusammengeschrumpft ist und all seine edleren Regungen erstorben sind!

Soll man den einen „Glückspilz" nennen, dessen Bulldoggengesicht nur zu deutlich die Geschichte seines Vermögens erzählt? — Kann man nicht von diesem brutalen

Gesicht die traurigen Erfahrungen der Witwen und Waisen ablesen?

Oder nennt man den einen self-made man — einen Mann, der sich selbst „gemacht" hat — der andere vernichtet, niedergerissen hat, um sich selbst in die Höhe zu bringen? Kann der Mann, der andere ärmer macht, wirklich reich sein? Kann der glücklich sein, in dessen Gesicht jeder Zug von schmutzigem Geiz spricht — deutlich wie der Hunger im Gesicht eines Wolfes? Wie selten sieht man edle, ruhevolle, schöne Gesichter an Menschen, die, im landläufigen Sinn, großen Erfolg gehabt haben! In Gesicht und Bewegungen drückt sich das Gefühl aus, welches das Herz regiert.

„Ehrenhaftigkeit vor Reichtum!" war das Motto des Bostoner Kaufmanns Lawrence, der in sein Taschenbuch einschrieb: „Was hilft es dem Menschen, wenn er die ganze Welt gewönne und nähme doch Schaden an seiner Seele?"

„Wissen Sie denn, mein Herr," sagte ein Anbeter des Mammons zu John Bright[38], „dass ich eine Million Pfund Sterling wert bin?" „Jawohl," sagte der Gefragte mit unerschütterlicher Ruhe, „das weiß ich und ich weiß auch, dass dies alles ist, was Sie wert sind."

Das Leben wiegt uns beständig in einer sehr feinen Wage", sagt Lowell, „und sagt jedem von uns genau, wie schwer sein Gewicht bis zum letzten Gramm ist."

Ich darf keinem Menschen das Recht geben, sich in meiner Gegenwart reich zu suhlen und wenn er noch so viele Besitztümer hat." sagt Emerson. „Ich muss ihn fühlen lassen, dass ich seine Reichtümer nicht brauche, dass ich nicht gekauft werden kann und dass, ob ich gleich keinen Deut besitze und er mein Brotherr sein sollte, er doch neben mir ein armer Mann ist."

---

[38] John Bright (1811–1889): war ein britischer Politiker

Was meinen wir damit, wenn wir sagen, dass einer ein ‚gemachter Mann' ist? Meinen wir vielleicht, dass er seine niedrigen Instinkte bezähmen kann, so dass sie nur seine besseren Gefühle anfeuern und seiner Natur Stärke geben? Oder dass seine Taten wie Weinstöcke sind, die nach allen Seiten ihre Reben und Blüten und Früchte ausbreiten? Dass seine Geschmacksrichtung so verfeinert ist, dass alles Schöne zu ihm spricht und ihn erquickt? Dass er ein offenes Verständnis besitzt, so dass ihm alle Wege zur Wissenschaft zugänglich sind und er ihre Schätze sammeln kann? Dass seine moralischen Eigenschaften so entwickelt und geschärft sind, dass er dem Höchsten zustrebt?

Nein. Das alles meinen wir nicht. Der ‚gemachte' Mann ist kalt und tot in Geist und Gemüt und Seele, nur seine Leidenschaften sind lebendig. Aber — er besitzt zwanzig Mal hunderttausend Euro!

Und wir sagen auch: Ein Mann ist ‚ruiniert'. Da sind wohl sein Weib und seine Kinder tot? Nein. Oder es gab ein Zerwürfnis und sie sind von ihm getrennt? Nein. Er hat vielleicht seinen guten Namen durch ein Verbrechen verloren? Nein. Sein Verstand hat gelitten? Nein. Er ist bei voller Geisteskraft. Ist er unheilbar krank? Nein. Das alles ist es nicht. Aber er hat sein Vermögen verloren und — er ist ‚ruiniert'. Diesen dann nennen wir ruiniert! Wann werden wir lernen, dass sich das Leben eines Menschen nicht über den Überfluss der Dinge definiert, die er besitzt?'"

Ein bankrotter Kaufmann kam eines Tages nach Hause und sagte zu seiner Frau: „Mein Kind — wir sind ruiniert. Alles, was wir besitzen, ist in den Händen des Gerichtsvollziehers."

Nach einigen Augenblicken des Schweigens blickte seine Frau ihn voll an und fragte: „Wird der Gerichtsvollzieher dich fortnehmen?"

„Nein, das nicht."

„Wird er mich fortnehmen?'

„Nein."

„Wird er die Kinder fortnehmen?"

„O nein."

„Nun, dann sage nicht, dass wir alles verloren hätten. Was vom höchsten Wert für uns ist, das bleibt uns: Wir selbst. Wir haben jetzt die Ergebnisse unseres Fleißes und unserer Geschicklichkeit verloren, aber wir können uns ein anderes Vermögen erwerben, weil unser Herz und unsere Hände uns bleiben."

Welche Macht könnte die Armut denn über eine Familie ausüben, in der liebevolle Herzen schlagen im Bewusstsein unermesslicher Reichtümer des Gemütes? Ein reiches Gemüt wird selbst über das bescheidenste Heim einen Hauch der Schönheit werfen.

Wer sollte nicht vorziehen, ein Millionär an Charakter und Zufriedenheit zu sein, statt eines Menschen, der nur die gemeinen Geldmassen eines Krösus sein eigen nennt?

Ein Mensch, der die Zivilisation in der Welt verbreitet, ist reich und besäße er auch keinen Cent; und künftige Geschlechter werden ihm sein Denkmal errichten. Andere Menschen wiederum sind reich an Gesundheit, an unerschütterlichem Frohsinn, an heiterem Temperament, und schweben leichten Sinnes über Sorgen und Prüfungen hinweg, die andere Leute zu Boden drücken würden. Doch andere sind reich an Freunden, an liebenswürdigen Angehörigen, an freundlicher Gemütsart. Es gibt Menschen von solch liebenswertem Charakter, dass jedermann ihnen gut ist. Andere von solcher Heiterkeit, dass sie eine Atmosphäre von Gemütlichkeit mit sich herumtragen. Wieder andere sind reich an strenger Ehrenhaftigkeit und Festigkeit des Charakters.

Was bedeuten die schweißgetränkten Erwerbungen des Reichtums, die um einen Vanderbill[39] oder einen Rothschild[40]

---

[39] Cornelius Vanderbilt (1794-1877): war ein US-amerikanischer Eisenbahnmogul

aufgehäuft sind, im Vergleich zu den Schätzen der Wissenschaft und dem unsterblichen Ruhm großer Männer?

Viele unserer größten Dichter und Künstler waren reich, ohne Geld zu besitzen. Sie sahen den Glanz in der Blume, die Pracht im Gras; sie lasen im murmelnden Quell wie in einem Buch, sie hörten die Steine predigen und fanden Wundervolles im Rauschen des Windes und im Rollen des Donners. Jeder Gegenstand in der Natur schien ihnen vom Schöpfer des Schönen eine Botschaft zu bringen. Sie besaßen Macht und Reichtum, aber nicht im landläufigen Sinne; Wiesen und Felder, Vögel, Wälder und Felsen boten ihrem Geist das, aus dem sie unsterbliche Werke schufen. Solchen seltenen Naturen erscheint jedes Ding der Schöpfung von Schönheit durchdrungen und ihre durstige Seele trinkt davon, wie ein Wüstenwanderer von dem gottgesandten Wasser der Oase. Es scheint die Mission solcher Menschen zu sein, Kraft und große

---

[40] Das Vermögen der Familie Rothschild beläuft sich auf ca. 350 Milliarden Dollar (Stand 2017)

Stärke aus der sie umgebenden Schöpfung in erfrischenden Strömen auf die dürstende Menschheit auszuschütten.

„Welcher Maßstab ist anzulegen, um die wahre Bedeutung einer Nation zu bestimmen?" fragte Lowell[41]. Dieser: „Je größer die Summe des Denkens, der moralischen Energie, der intellektuellen Glückseligkeit ist, je höher das Banner der Hoffnung und des Trostes für die Menschheit gehalten wird — umso gewisser ist ein Volk wahrhaft groß."

Gedeihen

Alles Obige ist gesagt worden in der Annahme, dass jeder Leser in seiner frühen Jugend, wo unabänderliche Gewohnheiten angenommen werden, erzogen worden ist. Zu den Grundgesetzen der Sparsamkeit und der täglichen Arbeit. Zum Verdienen eines wenn auch bescheidenen Lebensunterhaltes. Zum Vermeiden von

---

[41] James Russell Lowell (1819-1891): war ein amerikanischer Lyriker, Essayist, Herausgeber, Hochschullehrer und Diplomat

Schulden. Zum Zurücklegen eines Sparbetrages für die Zeiten der Krankheit und des Alters. Zu Hilfsbereitschaft und zu all jenen gesunden und guten Regeln der Mäßigkeit und Selbsterhaltung, die ebenso genau gelernt und befolgt werden müssen, wie die zehn Gebote.

Wenn wir all dies als bereits vorhanden annehmen, so ist als eine der ersten großen Lehren des Lebens zu erlernen: Die richtige Schätzung der Werte.

Wenn der junge Mensch ins Leben eintritt, so sieht er vor sich allerlei lockende Waren ausgebreitet und es werden alle möglichen Anstrengungen gemacht, um ihn zum Kaufen derselben zu veranlassen.

Sein Erfolg im Leben wird nun großenteils davon abhängen, ob er die Fähigkeit besitzt, die ihm gebotenen Dinge nicht nach ihrem scheinbaren, sondern nach ihrem wirklichen Wert zu beurteilen. Gemeiner Reichtum wird seine Verlockungen vor ihm ausbreiten und die Oberhand über alles andere zu gewinnen suchen. Tausend Pläne werden ihm vor Augen gehalten werden, jede Beschäftigung, jeder Beruf werden ihre Vorzüge vor ihm entfalten, aber der junge Mensch, der seinen Weg im Leben machen will, der darf sich nicht blenden lassen, der muss den Schwerpunkt seines Lebens da suchen, wo er wirklich liegt. Ist es denn zu verwundern, wenn unsere Kinder mit falschen Hoffnungen, mit falschen Ansichten ins Leben treten? Man sagt dem Sohn, dass er „vorwärts kommen" müsse, dass er „in der Welt eine Stellung erobern" müsse, dass er „sich Geld verdienen" müsse.

Und doch sollte man in unserem Jahrhundert des rastlosen Wettbewerbes und der siegenden Begabung, die Lehre der Genügsamkeit verkünden und zu der Selbstachtung erziehen, die nicht des sogenannten Erfolges bedarf.

Ich glaube, viele unserer jungen Leute fangen zu begreifen an, dass ein würdiges Leben der beste Erfolg ist. Ob begleitet von Reichtum, von Armut oder von jenem beneidenswertesten Mittelweg — einem bescheidenen Auskommen — ist gleich. Ein reines, ehrenhaftes Leben und ein ruhiges Festhalten an den Grundsätzen sind die festesten Grundpfeiler des wahren Erfolges. Jeder Erfolg im Leben, ist ein Misserfolg, wenn er die Summe 100 menschlicher Glückseligkeit nicht vermehrt. Der Mensch kann ebenso gut eine Schublade mit Wahrheit oder eine Truhe mit Tugend füllen, wie ein Herz mit Reichtum.

„Willst du die Macht des Charakters ermessen," sagt Emerson, „so überlege, um wieviel ärmer die Welt sein würde, wenn man aus der Geschichte das Leben Schillers, Shakespeares und Platos nehmen könnte, nur diese drei, als wenn sie nicht existiert hätten." Sind wir liebevoll, selbstlos und ehrlich, dann haben wir, obwohl unsere Taschen auch oft leer sind, ein Erbteil, welches ebenso wundervoll wie unzerstörbar ist.

- Ende -

Weitere Romane von Alexander Kronenheim:

Ben Hur-Die späten Jahre [ISBN: 9783743175648]

Alarich-Der Eroberer von Rom [ISBN: 9783741208737]

Unter der Macht Roms [ISBN: 9783741237423]

Die Schlacht bei Fehrbellin [ISBN: 978-3738648454]

Marienburg Kampf & Schicksal [ISBN: 9783734796340]

Nephoris – Tochter d. Cheops [ISBN: 9783738647631]

Rom im Untergang (Reihe):

Teil 1 – Eine neue Macht [ISBN: 9783734787911]

Teil 2 – Kampf in Germanien [ISBN: 9783734787928]

Teil 3 – Rückkehr der Götter [ISBN: 9783734745560]

Teil 4 – Schlacht bei Frigidus [ISBN: 9783734791222]

Teil 5 – Roms letzter Adler [ISBN: 9783738635034]

Teil 6 – Attilas Zorn [ISBN: 9783738635874]

Teil 7 – Zerstörung Aquileias [ISBN: 9783738635904]

Weltkrieg:

Bunker [ISBN: 9783738647686]

Der Landser Breitinger [ISBN: 9783743161870]

Frontsoldat [ISBN: 9783743161863]